AF189739

Chris Jacobsen

#jetzt aber

Bibliografische Information der Deutschen
Nationalbibliothek:
Die Deutsche Nationalbibliothek verzeichnet diese
Publikation in der Deutschen Nationalbibliografie;
detaillierte bibliografische Daten sind im Internet über
http://dnb.dnb.de abrufbar.

Herstellung und Verlag: BoD – Books on Demand,
Norderstedt

ISBN: 978-3-7519-0049-2

Inhaltsverzeichnis

Liebe Leser/innen,

herzlich willkommen in meinem neuen Buch!

Ich bin in einer Zeit groß geworden, in der noch Schallplatten und Kassettenrecorder existierten und es keine Möglichkeit gab, sich einzelne Songs bei YouTube runterzuladen.

Wenn man also seinen Lieblingssong aus dem Radio zu Hause hören wollte, blieb einem oft nichts anderes übrig, als eben das volle Programm, die ganze LP zu kaufen.

Genau so geht es einem, als Leser ja nun auch bei Büchern.

Da hat der Lieblingsautor mal wieder ein Buch auf den Markt geworfen, hochbejubelt von der Presse und man kauft es sich und liest es mit eventuell relativer Begeisterung und im schlimmsten Fall mit wachsender Enttäuschung.

Dennoch, verbirgt sich in diesem Buch vielleicht der eine Satz, der einen selbst auf eine neue Fährte bringt, einen positiven Anstoß.

Und so hoffe ich, dass, wenn in diesem Buch nicht alles gefällt, jedenfalls der eine Satz dabei ist, der zum Lachen verführt und im besten Falle eben auf einen neuen Gedanken bringt.

Viel Spaß beim Lesen,

Chris Jacobsen

Dosenobst

Gottfried Plümmer saß in seiner blaugekachelten Küche und schaute aus dem Fenster.

Sein Blick streifte im unteren Bereich sämtliche Konservendosen, die vor ihm aufgereiht, auf dem weißen Polyvinylchloridküchentisch standen.

Das spärliche Sonnenlicht, das sich durch die hellgraue Wolkendecke kämpfte, reflektierte, so gut es das eben konnte von den blankpolierten Deckeln seiner Dosenauslese.

Aufgereiht wie Zinnsoldaten standen sie vor ihm, die Etiketten in eine Richtung und offensichtlich bereit, jeden Befehl entgegenzunehmen.

Er schloss langsam die Augen, streckte die offene Hand aus, umschloss mit seinen Fingern eine der Dosen und flüsterte leise, in tiefstem sächsisch, so gut es ihm eben möglich war: „Dosenobst."

Er hatte, aus unerfindlichen Gründen, einige Zeit in den neuen Bundesländern verbracht.

Eine Periode in seinem Leben, die seine dialektischen Erfahrungen erweitert, ihn aber menschlich auf tiefste verstört hatten.

Aber das ist eine andere Geschichte.

Ganz langsam und vorsichtig hob er sie an und hielt sie an sein Ohr.

Ein Sonnenstrahl, der durch die Wolken brach und durch sein geschlossenes Augenlid in sein Auge stach unterbrach seine Konzentration und diese fast intime Verbindung zur Blechdose ein leises: „Scheißsonne"

kam über seine schmalen Lippen, die wie immer trocken, spröde und aufgerissen waren.
Er fuhr sich mit seiner Zunge über seinen ausgetrockneten Mundrand und schenkte seine Aufmerksamkeit wieder dem blechernen Kumpan an seinem Ohr.
Gottfried begann die Dose vorsichtig, langsam und rhythmisch vor dem Eingang zu seinem Hörorgan zu schütteln und die leisen Geräusche aus dem Inneren, drangen durch Gehörgang, passierten Hammer, Amboss und Steigbügel, und sein Gehirn setzte es in Vermutungen um, was sich in dieser kleinen, verschlossenen Welt befinden könnte.
Doch statt eine Vermutung zu formulieren, schob er seinen Unterkiefer ein wenig nach vorne, bewegte ihn langsam von links nach rechts und ein leises und langsames: "Dosenobst", verließ seine inzwischen trockene Kehle.
Er stand unter Druck und wusste, dass seine Zeit knapp war.
Man verließ sich auf ihn.
Es hingen Menschenleben von seinem Können ab.
Noch nie, war es ihm nicht gelungen, das Rätsel der Dose nicht zu durchschauen.
Immer war er als Sieger, aus diesem Kampf an der Lebensmittelausgabe hervorgegangen.
„Dosenobst", kam es erneut und fast automatisch aus seiner Kehle.
Wie ein Mantraschriftzug, lief dieses Wort durch seine vordere Gehirnpartie, in großen, weißen Buchstaben,

hinter seinen Augen vorbei.

Dosenobst, immer wieder nur Dosenobst.

Selbst wenn er diese Buchstaben einzeln las und zu einem Wort zusammenfügte, hatten sie immer einen sächsischen Akzent.

„Das Leben kann schon hart sein", dachte Gottfried, doch jetzt waren seine Überlegungen auf Hochdeutsch.

Ein gedankliches Wirrwarr, ein Chaos und in diesem Zustand erwartete man von ihm, dass er Rätsel lösen sollte?

Der innerliche Druck stieg, und Schweißperlen drückten sich aus seinem Inneren, durch die Poren auf seine Stirn.

Er ballte seine freie Hand, die auf dem Tisch lag, zu einer Faust, um sich zur Konzentration zu zwingen.

Das leise, schwappende Geräusch hinter der Blechwand, so sehr er sich auch versuchte durch die Außenhülle durchzuhören, verriet ihm nichts.

Es konnten Bohnen, Sellerie oder auch Mais sein.

Klar, Birnen, Äpfel oder Ananas, wären auch mögliche Erklärungen gewesen.

Als ihm klar wurde, dass er seine Zeit mit zu komplizierten Gedankengängen verspielte, vernahm er die Stimme des Schiedsrichters.

„Gottfried, deine Zeit ist um. Deine Familie verhungert und Du sitzt wieder gedankenverloren am Küchentisch, oder? Komm wieder ins Esszimmer und vergiss die Dose Mandarinen bitte nicht. Das Eis schmilzt schon langsam."

Er öffnete die Augen.

Es war nicht einfach in dieser Zeit, als Achtjähriger, für die Versorgung seiner Familie verantwortlich zu sein. Aber er trug es mit Fassung und nicht nur das, sondern auch das Dosenobst ins Esszimmer.

Möglich, vielleicht

Du würdest ja,

wenn Du nur wüsstest

du könntest glatt,

wenn Du nur müsstest,

es wäre auch,

doch nicht alleine,

ich sag Dir eins:

„Komm auf die Beine"

Ich bin der

Ich find mich gut.

Ich kann mich leiden.

Ich hab mich richtig gern.

Damit´s so bleibt

und sich nichts ändert,

halt ich mich von mir fern.

Moral

Ein jeder Mensch,

der hat Moral,

ob mit

oder ohn´ Un.

Doch zu belehren

und umzuschulen,

da gibt`s keinen Grund.

Reden hilft

und auch Verstehen,

Verzeihen gehört dazu

und wenn es merkt

wie gut ihr tut,

dann gibt das Un auch Ruh.

Ich ging in mir

Ich ging spazieren,

was soll ich sagen,

auch ich mach solche Sachen.

Ich ging in mir,

also in mich

und musste plötzlich lachen

Da sah ich mich

von Innen an

und viel war nicht zu sehen,

die Wände weiß,

kein Staubkorn hier,

das war ja doch ganz schön

Doch fehlten Farben, Töne, Menschen,

so alles, was die Vielfalt macht.

Ich setzte mich

und schauderte

und atmete ein Ach

Denn alles, was da draußen ist,

das muss auch in uns rein.

Ansonsten bleibt das Innen leer

und draußen bleibt allein

Drum lasst uns alles

atmen, riechen, fühl´n

und inhalieren,

dann wird die Welt auch endlich bunt

genauso wird´s passieren.

Das schwarze Loch

Du denkst, du bist ein stolzer Bürger,

der die Freiheit laut verteidigt

Doch tief in Dir

hast du dem Hass

Dich lange schon vereidigt

Wenn

Wenn Du hier wärst,

würd´ ich sagen:

„Ach, ich lieb´ Dich hemmungslos.“

Und wir lachen, lieben, küssen

Du, ich, Dich

und einfach wir.

Doch wie es ist

bei einer Liebe,

Abstand, ist ein großes Nein.

Doch Du und ich,

so wie wir sind,

durch uns ist Trennung klein.

Wenn wir einst

Wenn wir einst den Enkeln sagen:

„Vögel gab´s im Fernsehen nur

und auch Wiesen, Wälder, Meere

alles schlicht Makulatur

Das war nur reinste Unterhaltung

Ablenkung,

zur Abendstund,

sei nicht traurig, schlaf jetzt feste

und zum wein´ gibt's keinen Grund.

Wenn wir dann die Türe schließen

kriecht in uns das Monster hoch,

das uns unsere Schuld zurückbringt,

für die Tatenlosigkeit

Mein Meister

Nebel steigt vom braunen Wasser

starr die Fluten wortlos an,

nicht einmal ein Wimpernschlag,

verzerrt mir hier mein Spiegelbild.

Schweigend sitz ich,

schau die Wasser,

die mir einst mein Meister zeigte,

und in denen er vor Jahren

wortlos

einfach so verschwand.

Groß war er,

von edler Weisheit,

fragte mehr

und sprach nicht viel.

Antwort finden

war ihm wichtig,

öfter schweigen

eine Pflicht.

Viele Menschen

Frauen, Kinder

und auch Männer scheuten ihn.

Zu viel Wissen flößt den meisten

Angst und auch das

Misstrauen ein.

Doch das Wissen ist entscheidend

für den Ablauf dieser Welt,

vertrau dem Kopf

und auch dem Bauche,

aber niemals nur dem Geld.

Das und noch ganz andere Dinge,

brachte mir mein Meister bei.

Und so sitz ich hier alleine

seh´ die Welt,

verlier den Mut.

Meister, wenn du nicht zurückkehrst,

mache ich den ersten Schritt

und komm zu Dir

und will noch lernen,

wie ich Dummheit ganz verstehe.

Und da öffnet sich das Wasser

und ein großer, dunkler Schlund

saugt mich auf,

zieht mich nach unten,

bis hinunter auf den Grund.

Licht empfängt mich

und mein Meister

steht dort und erwartet mich.

„Willst Du fliehen vor deinen Fragen

oder plagt dich simple Angst?"

„Flucht allein ist nie die Antwort,

die ein Weiser dir verrät.

Frag die Menschen was sie wollen

und erkenne sie darin."

Und nun bin ich wieder oben,

suche Mut

und meinen Verstand,

jetzt werd´ ich meinen Weg beschreiten,

viele Menschen lügend strafen.

Man lernt eben nie aus

Draußen regnete es, und ich saß ohne einen Anflug
einer Idee an meinem Schreibtisch.
Scheinbar brauchte mein Kopf doch so etwas wie
einen Anschub von außen. Den bekam ich
normalerweise wochentags am Morgen in der S-Bahn,
wenn ich den durchdachten und oft eloquenten
Gesprächen der Jugendlichen lauschen konnte, die sich
über krasse Scheißlehrer,
verfickte Vokabeln und „dem" Grammatik lautstark
unterhielten.
Meine Synapsen stürzten sich, während ich diesem
Austausch von Vokalen lauschte, regelmäßig von
meiner linken Gehirnhälfte in den Tod, und ich
wunderte mich immer weniger über Dinge, die sich in
unserem Land veränderten, ohne dass wir auch nur
eine weiterbringende Reaktion zeigten.
Nun gut.
Ich saß also an meinem Schreibtisch und wartete auf
meine Muse, die aber eben auch vielleicht mit der S-
Bahn zu mir unterwegs war, sich genau diese
Gespräche anhören musste und inzwischen nicht nur
die Hoffnung verloren hatte, sondern an irgendeinem
Kiosk stand und sich mit Genuss und
Hoffnungslosigkeit einen hinter die Binde kippte.
Ich konnte sie so gut verstehen.
Und als ich so auf meinen Bildschirm schaue, öffnet
sich, ungefragt oben links ein kleines Fenster und ich
befand mich schlagartig in der Welt der Zerstreuung.

Entschuldigung: In der Welt der Zerstreuten.
Ein Chat auf Google, der sich in seiner sachlich und
fundierten Ausdruckskraft kaum überbieten ließ.

Kerstin aus K., 19 Jahre alt : „Wir gehen heute Abend
ins Kino. Irgendwas von Karl Marx. Ich muss mal
googlen, was der so gemacht hat."

Yasmine B., 19 aus K. antwortet: „Das ist der, der so
viele Indianergeschichten geschrieben hat. Du weißt
aber auch gar nichts. Echt peinlich manchmal mit dir
Kerstin. Gesoffen soll der auch haben."

Kerstin aus K, 19 Jahre alt: „Ach der. Krass und der hat
gesoffen?"

Oh Du meine geliebte Bildungs-Republik-Deutschland.
Mein Kopf und mein Herz zerreißt es bei diesen Zeilen.
Die berühmten Karl Marx Festspiele von Bad Segeberg
und Pierre Briece als Rosa Luxemburg.
Ich atme tief durch und trinke einen Schluck meines
Kaffees, der immer in meiner Nähe steht.
Lange muss ich nicht überlegen und da flattert mir
auch schon ein Zitat von Kalle durch den Schädel:

„In seinem Sessel, behaglich dumm, sitzt schweigend
das deutsche Publikum."

Die zu mir gebrachte Leere verhallt langsam in meinem Kopf, aber hinterlässt Zweifel.

Muss ich dankbar dafür sein, wenn sich Kinder in der Bahn in fletigem Ton jedenfalls noch über die Schule unterhalten? Sind diese Kinder noch nicht ganz verloren in der Unpersönlichkeit des Internets?

Denn nach meiner Überzeugung wird man nicht dumm geboren und wenn man nicht jede einzelne Stunde in der Schule gefehlt hat, kennt man den Unterschied zwischen Marx und May und ich meine jetzt nicht den Reinhard Mey.

Kurzerhand schnappe ich mir ein Lexikon und meinen Kaffee, setzte mich auf´s Sofa und schlug den dicken Schinken auf.

Ich wollte schon immer wissen, wo und wann Reinhard Mey geboren worden ist.

Man lernt eben nie aus.

Lauer Furz

Hätte man,

vor Jahren denn,

als wir so friedlich weggeschlafen,

unter dieser schönen Decke,

Demokratie denn gedacht?

Dass wir eines Tages wirklich kämpfen

und auch bluten müssen,

für die Ignoranz und Blindheit,

die uns so anheimgefallen.

Dümmlich, faul, ignorant,

das sind die neuen Attribute.

Geld und Geld und Geld und Macht,

zählt mehr als einstmals Herz und Hirn.

Influencer, Superstar, HipHopGangster sind die Ziele.

Wozu denn noch wirklich lesen?

Irgendwann wird´s ja verfilmt!

Und wenn ein kleines, grünes Pflänzchen,

sprießt an unserem Wegesrand,

will die Welt uns bunter machen,

wir bücken uns

und reißen´s raus.

Prophylaktisch eingeebnet,

wird das kleine, grüne Blatt,

denn aus jedem neuen Spross,

da kann auch schnell was Böses kommen.

Angst und Misstrauen

sind die Götter,

deren Enddarm wir bewohnen,

und wenn wir uns nicht selbst befreien,

dann enden wir als lauer Furz.

Schönes Land, in dem wir leben

Liebes Land,

in dem ich lebe,

mit all dem Wald und all dem Wasser

alten Häusern, schönen Schlössern,

Malereien und Kultur,

die Musik von Komponisten,

die all unser Leben prägt

all die Bücher und Geschichten,

du bist der Denker trautes Heim.

Mannigfaltig sind die Dinge,

die Du uns zum Leben schenkst,

unermesslich Deine Schätze,

die du gibst aus freier Hand.

Baum an Baum stehn deine Wälder

werfen Schatten, breit und tief.

Braune Maden

kriechen langsam

ostwärts dort

ins dunkle Loch.

Legen ihre kleinen Eier,

wollen alles infizieren,

werden sichtbar immer fetter,

kriechen langsam Richtung Ziel.

Bohren sich in einfach alles,

auch in menschliches Gehirn,

hinterlassen ihren Fressschleim,

braune Spuren überall.

Ihre Sprache kennt ein jeder,

der einmal zur Schule ging,

aber immer gab es Dumme,

die auch dort nichts lernen wollten.

Und aus den Maden werden Ratten,

größer, hässlich anzuschauen.

Und wir bieten ihnen Einhalt,

jetzt wird nicht mehr abgehauen.

Lesen, Denken sind die Mittel,

wie wir diese Krankheit heilen

und wir dürfen nicht mehr zögern,

jeden Tag geschlossen stehen.

Ich,

will ein Land,

das bunt und froh ist,

vielfältig und farbenprächtig,

mit all den ganzen schönen Sachen,

die ich schätz´ an diesem Land.

Lasst uns alle, die hier leben,

zeigen, wie wir wirklich sind.

Offen, höflich, hilfsbereit,

fröhlich und kulturbeseelt.

Denn die Welt ist eine Kugel

und einfach alles, was wir tun,

wird uns auf dem einen Weg,

irgendwann von hinten treffen.

Die Welt ist schön

Die Welt ist schön,

gar keine Frage,

bunt und voll mit Licht.

Doch um die Schatten gehen wir rum,

darüber spricht man nicht.

Das Schöne

sehen wir allemal,

das Böse nicht so gern,

denn Schönes,

liegt uns immer nah,

das Böse meistens fern.

Vögel

Ja, auch Goethe schrieb von vögeln,

ja in klein und ungeniert,

das als Beweis,

dass auch bei Großen,

ab und zu die Lust gastiert.

Denn ohne Lust und ohne Liebe,

bleibt doch viel zu viel verschont,

denn nur mit beiden

kann man spüren,

wo das echte Leben wohnt.

Verloren

Der Weg zu Dir

war weit und lang

und manchmal sehr beschwerlich.

Jetzt bin ich hier,

in Dir verloren

und das ist einfach ....

Deutschland heimlich Vaterland

Deutschland heimlich Vaterland,
flüsterst leise mir ins Ohr,
Sie, die durch die Straßen wanken
ihre Köpfe voller Stroh.

Sind nicht schuld an ihrer Lage,
immer nur die anderen, ja.
Die, die kommen und auch kamen
und auch die, die kommen werden.

Wir war´n hier zuerst und werden
bleiben bis in Ewigkeit,
darauf könnt ihr euch verlassen,
hier und jetzt für alle Zeit.

Deutschland, Deutschland,

wenn ich diese

Worte höre wird mir schlecht.

Könnte würgen und auch kotzen

Und womit?

Mit gutem Recht

Chemnitz, Hamburg, München, Leipzig,

überall kriecht ihr herum

und ich werd´s Euch nie vergessen,

wie ihr dieses Land zerstört.

Und ganz hinten in der Gasse

sitzt ein Mann,

der hält sein´ Arm,

Auf ihm stehen kleine Zahlen,

Seine Augen voller Angst.

Spaziergang

Die Dummheit ging einmal spazieren

und traf im Wald die Ignoranz,

sie sahen und verliebten sich

und nahmen sich einfach bei der Hand.

Sie streiften so

durch Wald und Flur

und kamen ab vom Weg,

sie stürzten weit und tief in's Holz,

doch taten sich nicht weh.

Sie streiften so durchs Unterholz

und fanden nicht zurück,

sie setzten sich und gaben auf

und fanden dort ihr Glück.

Schlussfolgerung:

Verwirrt und in der Dunkelheit,

dort führt kein Weg zurück.

Man nimmt nichts wahr und irgendwann

wird jeder Scheiß zum Glück.

Stumm

Kriege, die die Welt zerstören

und Hunger, der den Mensch zerfrisst,

und ein nie gelöstes Elend nagt dort,
wo sich der Menschen nicht hört.

Umlenken

So wie Sand

rinnt durch die Finger

und das Wasser stetig fließt,

ist ein jeder fest gebunden

an die Regel Menschlichkeit.

Jeder will für sich das Beste,

nein, verwerflich ist das nicht.

Doch wer stets alleine tafelt,

wird zu fett

um umzulenken.

Waldorf

Mein Name ist Malte Schering, ich bin fünfunddreißig Jahre alt, und ich bin Waldorflehrer.

Nein, nicht Walddorflehrer, sondern Waldorflehrer.

Bevor jetzt aber diese typischen Stimmen kommen, dass ich nichts Besonderes kann, aber jedenfalls meinen Namen tanzen.

Ihr meint Eurythmie.

Klasse, aber ich muss euch enttäuschen.

Ich kann nicht mal Walzer tanzen, ohne meiner Frau auf die Füße zu treten.

Fred Astair rotiert in seinem Grab, sobald ich nur in die Nähe einer Tanzfläche irgendwo auf dieser Welt komme.

Und das nicht ohne Grund.

Ich muss so sechzehn Jahre alt gewesen sein, als ich das erste Mal in meinem Leben auf eine Mauer größter Ablehnung traf.

Es lag nicht an meinem Aussehen, oder einem unangenehmen Körpergeruch, nein.

Es hatte sich innerhalb kürzester Zeit herumgesprochen, dass ich den Mädchen beim Tanzkurs, regelmäßig auf die frischpolierten, weißen Tanzschuhe trat.

Bei den Mädchen hinterließ es Spuren auf den Schuhen und bei mir nagte es an meinem Selbstvertrauen.

Dennoch habe ich den Kurs abgeschlossen und als Jugendlicher eine Erfahrung gemacht, die ich niemandem gönne.

Den Abschlussball mit dem Tanzlehrer zu zelebrieren.

Ich durfte zwar führen, also er war die Frau, aber für mich doch eher ein verstörendes Gefühl.

Aber das ist lange her.

Ich habe inzwischen geheiratet, habe den Hochzeitswalzer ohne größere Blessuren hinter mich gebracht und habe zwei wundervolle Kinder.

Einen Jungen und ein Mädchen, und beide haben sich nach der Grundschule entschlossen, nach dieser Zeit, nicht auf eine Waldorfschule zu gehen.

Ja, das war die Entscheidung meiner Kinder, und wissen sie was?

Ich bin ihnen dankbar dafür.

Ich liebe meine Kinder, aber vierundzwanzig Stunden rund um die Uhr?

Unmittelbar am Puls der Zeit zu sitzen und brühwarm, von Kollegen auf's Brot geschmiert zu bekommen, dass sie dieses und das nicht getan, oder sich fehlverhalten haben?

Das braucht, glaube ich, niemand.

Ferien?

Natürlich, ganz wundervoll, meine Kinder sind den ganzen Tag unterwegs, werden ihrer Energie bei Spiel, Sport und Vergnügen verlustig und fallen abends wie Kartoffelsäcke in ihre Betten.

Dann sitzen meine Frau und ich noch ein wenig auf dem Balkon des Hotels und genießen den Tagesabschluss bei einem Glas Wein.

Ja, so sehen unsere Ferien aus.

Eine, gewissermaßen, selbstbestimmte Zeit für Eltern.

Herrlich.

Wir sitzen unter diesem klaren und sternenbehangenen Himmel und lieben unser Leben.

Manchmal träumen wir davon, wo und wie wir leben, wenn wir alt sind, also noch älter, als jetzt ohnehin schon.

Merkwürdig.

Zeit ist so kostbar und wir denken über das Ende unseres Lebens nach.

Bei aller Liebe zu meiner Familie, bei jedem Vorteil, den wir gemeinsam genießen können und jedem genussvollen Augenblick, den wir gemeinsam verbringen, einen Schwachpunkt hat das Ganze.

Wenn ich am Morgen traumdurchtränkt und noch etwas müde in die Küche komme, steht dort eine Dose, die mich immer wieder in die reale Welt der Arbeit und die der Anthroposophie zurückbringt.

Eine gelbe Dose mit einem roten Kunststoffdeckel.

Der leicht muffige und trockene Geruch, der aus ihr hervorsteigt, brachte mich immer wieder zurück in meine Studienzeit und auch direkt in das Lehrerzimmer meiner Waldorfschule.

Eben in eine Zeit, in der ich mir relativ wenig leisten konnte und in der ich mir nie sicher war, wie es mit mir weitergehen sollte, und wie mein Leben in Zukunft aussehen würde.

Nun war ja alles gut, passte und ich war glücklich.

Nur eben diese Dose war ein kleiner Stolperstein für mich.

Was mich in solchen Momenten immer wieder beruhigte war, dass ich mir sicher war, dass jeder Mensch einen derartigen Stein in seinem Leben hat. Ob es nun ein Geruch, ein Geschmack oder nur ein Geräusch war.

Was in solchen Momenten aber viel wichtiger ist, das man weiß, was man hat, deswegen gehe ich in solchen Momenten immer in das Zimmer meiner Kinder, höre ihr Lachen, oder ihr Atmen im Schlaf, am einfachsten ist es für mich jedoch meine Frau anzuschauen, ihre großen braunen Augen zu sehen und zu wissen, dass ich zu Hause bin.

Was macht da schon so eine kleine Dose.

Stückchenweise

Und wer die Welt in Stücken sieht,

und alles en Detail,

den bitte ich um eines nur

so mach sie wieder heil.

Setz sie zusammen,

so wie sie war

und nicht so wie´s dir passt,

vielleicht lässt du das Teilchen weg,

mit dem der Mensch sich hasst.

Und auch die Dummheit

und das Böse,

Kriege, Hunger, Barbareien.

Ach weißt du was:

Dank für die Hilfe,

wir machen´s doch allein.

Dass es endlich passt für jeden

und eben nicht nur für das Geld,

denn Liebe zu den anderen ist,

was uns am Leben hält.

Blut und Hoden

Blut und Hoden

schreit der Mob,

im Gleichschritt

quer durch unsere Stadt.

Ich sehe zu

und bin gelähmt,

ich hab sie so unglaublich satt.

Mir immer neu

und immer wieder,

selbst zu sagen:

„Ich bin ja ein Demokrat."

Denn wenn ich´s einen von denen sage,

Haben sie´s genauso satt.

Drum lasst uns unsere Köpfe lockern,

in jede Richtung schauen.

Und auch wenn´s schwerfällt,

nur zusammen,

Können wir die Zukunft bauen.

Egal ob schlau,

ob dumm und rechts,

ein jeder der es kann,

die Grenzen weg,

die Wege weit,

macht mit

wir fangen an.

Das Rennen

Ob links ob rechts,

ob rot ob braun,

der Mensch an sich ist gleich.

Das Herz stets auf dem rechten Fleck

und seine Birne weich.

Zu laufen und zu leben,

das lernt er jeden Tag,

die Hürde weit zu überspringen,

so gut er's kann und mag.

Sein Ziel ganz fest und starr im Blick,

der Kurs ist angelegt.

Es gibt kaum etwas, das ihn stört,

verwirrt oder erregt.

Es gibt kein Blick nach hinten mehr,

die Zeit ist lang vorbei,

bestand sie doch aus Leiden nur

und purer Schinderei.

So blind und schnell,

wie er da läuft,

wir tun´s ihm oftmals gleich.

drum lasst uns stehen und pausier´n

und atmen und dann sehen

Ob wir uns im Gesicht des anderen

wiederfinden können.

Das wäre mal ein Neubeginn

so vor dem nächsten Rennen

Der eine Tag

Einsamkeit tropft in die Seele,

wie das Wasser durch ein Netz,

ganz hier unten,

wo ich schaue,

wie mein Leben wirklich ist.

Grau und stumm

so stehen die Menschen

um mich her

und sehen blind

in keine Richtung,

trotten nur,

wie ihnen befohlen.

Eine Horde dummer Schafe,

gänzlich ohne Gegenwehr,

stellen sich selber auf die Schlachtbank,

führen Messer und auch Axt.

Keines will sich selbst befreien,

folgt des grellen Schlachters Ruf,

Stück für Stück

und Schritt für Schritt,

Schaf für Schaf

und Huf für Huf.

Alles wartet auf den einen

Bock,

 der schreit:

„Hier geht es lang,

jetzt folgt mir

in eure Freiheit,

ich weiß wo der Weg hinführt."

Und so lange dieser eine

nur noch auf sich warten lässt,

lassen sie sich weiter schlachten,

sterben für den einen Tag.

Herr V.

Herr Vorragend saß in seinem Sessel, in der exakten Mitte seines Wohnzimmers.

Die hatte er sich ausmessen lassen.

„Die Mitte ist wichtig", sagte er leise vor sich hin und nippte an seinem frischen Glas Wasser.

Er betrachtete das Wohnzimmer, die Bücherregale, mit den ordentlich aufgestellten und nach Autoren sortierten Büchern, seinen neuen, dunkelblauen Teppich und die frischgemalten Wände, die durch das Morgenlicht in einem sanften, matten Weiß glänzten.

Aus der Küche kam das beruhigende Geräusch des Boilers, der sein Duschwasser vorbereitete.

Er war zufrieden.

Die Welt war in Ordnung.

Seine Welt.

Sicher gab es irgendwo Menschen, denen es nicht so gut ging wie ihm, aber sollte das wirklich seine Welt beeinflussen?

Konnte es nicht viel eher sein, dass diese Menschen einfach nicht den Ehrgeiz gehabt hatten, wie er?

Nie einen Traum, ein Ziel in ihrem Leben gehabt hatten, für das sie arbeiteten?

Einen kurzen Gedanken verschwendete er an diese Menschen um dann, das Glas auf den Untersetzer auf den kleinen Tisch neben seinem Sessel zu stellen.

Als er sich gerade in Richtung Küche aufmachen wollte, fiel ihm auf, dass die eine Gardine nicht so hing, wie sie sollte.

Er es sich dachte.

Eigentlich; es ihr befohlen hatte.

Er korrigierte diesen Fehler und zog die Gardine auf die vorgeschriebene Position.

„So geht´s", murmelte er und zupfte noch einmal an ihr, damit sie es das nächste Mal besser wissen würde.

Im Vorbeigehen strich er mit der flachen Hand noch einmal über die Lehne seines Sessels und machte sich auf den Weg in die Dusche.

„Die Mitte und Sauberkeit, das ist entscheidend", murmelte er vor sich hin und verschwand in seinem Badezimmer

Stacheldraht

Die Welt ist bunt

Ihr wollt´s nicht sehen?

Dann nehmt verdammt den Stacheldraht.

aus eurem Hirn

und Eurem Herzen,

macht beides auf,

erkennt die Welt.

Ziellos

Ziellos irrst du durch die Gassen,

suchst den einen,

der dir befiehlt,

und Du gehst unter in den Massen,

die auf die Vergangenheit schielt.

Deine Meinung geht verloren,

in dem Mob,

der schreit und wütet.

Und in ihm da wird gemeinsam

Dumm um Dummheit ausgebrütet

Und so geht es

Stund um Stunde,

Tag für Tag,

und

Jahr für Jahr.

Hass und Hetze,

euer Werkzeug,

klarer Geist,

der macht sich rar.

Eure Richtung geht nur abwärts,

inhaltslos und abgewandt.

Die Moral und Menschlichkeit

sind Euch völlig unbekannt.

Herr V. und das Nein

Herr V. saß auf einer Bank, in einem Wald.
Sein Blick richtete er in die Kronen der Bäume, durch
die ein
dünner, leichter Nieselregen fiel.
Er schloss die Augen und spürte jeden einzelnen
Tropfen auf seinem Gesicht.
Vögel zwitscherten entfernt, ein warmer Wind rieb die
Blätter
aneinander und irgendetwas raschelte in dem Busch
hinter ihm.
Die Ruhe gab ihm ein sicheres Gefühl.
Irgendein Insekt surrte in der Nähe seines linken Ohres
und
er wusste, dass der Mensch Unglaubliches geschaffen
hatte,
der Herrscher der Welt war.
In diesem Moment kroch irgendetwas über seine
Hand. Er öffnete
seine Augen und erblickte eine Spinne, die über seine
Hand lief.
Er schüttelt sie angeekelt von seiner Haut auf den
Waldboden und
trat mit seinem Schuh auf sie.

„Ich habe doch gesagt", murmelte er, „der Mensch ist der Herrscher der Welt."

Im gleichen Moment saß eine kleine Mücke in seinem Nacken, stach zu, trank sein Blut

und dachte: „Nein."

Der Ruck

Der braune Ruck

er geht durchs Land,

laut und hinterhältig.

Oft banal und unbemerkt,

auf leisen braunen Sohlen.

Es sind die Diener

schwachen Geistes,

sie machen sich ihm

Untertan.

In der Gemeinschaft

sind sie stark

alleine

nur ein Elendshaufen.

Sie grölen und rufen:

„Tod den anderen,

sperrt sie ein,

begrabt sie tief,

hackt sie in Stücke,

oder auch den Schädel ein."

In ihren Köpfen

sind sie einsam,

ganz verlassen,

niemand da.

Und nur ein Führer kann es richten.

Der, macht sie wieder

unschlagbar.

Sie quetschen sich in jede Ritze,

jeden Spalt,

den sie erkennen.

Sie sagen:

„Wir sind doch einfach nur besorgt."

Und ich,

ich würd sie einfach Nazis nennen.

Ein Mann

Ein Mann ging aus

um sich zu finden.

Betrat den Kopf,

den er sein Eigen,

nannte

und erschrak dann bei dem Anblick,

denn das Ding war wüst und leer.

Echo hallte von den Wänden,

die sich wölbten um ihn rum.

Die Akustik war fantastisch,

statt nem Hirn

fand er nen Zettel.

Auf dem stand:

„Bin weg du Sack!

Du brauchst mich eh nicht,

willst nicht denken,

predigst Hass.

Blind vor Hass

und drescht nur Phrasen,

wählst die falschen Freunde Dir."

Lächelnd stand der Mann

und griff nun,

Farbe, Leim ein Stück Tapete

und begann zu renovieren

Schön sah´s aus,

doch nur zum Schein.

Oh, für ihn war´s die Erfüllung,

jetzt gab´s jede Menge Platz!

Nie mehr bohrende Gedanken.

Ach, wie einfach war die Welt.

Nur noch

Zwei- und Dreiwortsätze.

Sie verstehen?

Das tat nicht Not!

Wichtig war,

sie schreien zu können,

laut, brachial

Für andere?

Peinlich!

Hielt sich

mit

und durch

die Masse

für das Volk gar den Vertreter.

Seine Augen

voller Feuer,

brennen muss das alte Land.

Hass auf das,

was er einst liebte, schätzte,

und auch wichtig fand.

Seine Zukunft war die Hölle,

die Vergangenheit war verbrannt.

Abends saß er in der Höhle,

die er einst sein Schädel nannte.

Auf dem Tisch,

da brannten Kerzen

und im Ofen alte Bücher.

Bei jedem Band,

den er verbrannte,

stach von Innen

ein kleiner Schmerz,

doch mit jedem Eimer Asche,

wurde dieser abgetötet.

Ohne Bücher,

ohne Schreiben,

ohne Sprache,

ohne Geist,

sind wir irgendwann alleine,

sterben einsam

und verwaist.

Herr V. und die Vergangenheit

Es war eine furchtbare Zeit für ihn.

Diese Vergangenheit.

Eine Art Raum, den er schon lange verschlossen und nicht mehr betreten hatte, aber immer den Schlüssel bei sich trug und wenn er an der Tür vorbeikam, verlockte es ihn immer wieder, sie aufzuschließen und diesen Raum zu betreten.

Immer wenn er an dieser Tür vorbeikam, verlangsamte er seinen Gang, hielt kurz inne und seine Hand griff nach dem Schlüssel.

Aber nein, nein

Er beschleunigte jedes Mal seinen Gang und ließ die Tür hinter sich.

Und auch wenn sie von Innen klopfte und rauswollte.

„Ich will mich mit Dir doch nur unterhalten", sagte sie immer.

Und Herr V erwiderte immer, dass er solche Sätze kennen würde, er kein Vertrauen zu ihr hätte,

„Warum vertraust Du mir nicht?"

Diese Antwort war er seiner Vergangenheit immer schuldig geblieben und auch heute war er ihr diese Antwort schuldig geblieben.

Aber wie um Himmels Willen, sollte man denn auch seiner eigenen Vergangenheit vertrauen?

Tierbäuche

Vorausschicken möchte ich, dass alle Personen in dieser Geschichte frei erfunden sind.
Zufällige Ähnlichkeiten sind weder voll beabsichtigt noch ungewollt.
Echt jetzt.
Ich befand mich persönlich in einer wirtschaftlichen, sehr misslichen Lage.
Die Einzahlungen auf meinem Konto blieben zum Ersten des Monats aus.
Ich war arbeitslos.
Beworben hatte ich mich in allen existierenden Branchen, doch mein Telefon blieb stumm und auch mein E.-mailpostfach wurde nur von Spammails überflutet.
Ich saß also morgens auf meinem Sofa, hatte den Rechner gestartet und meinen Kaffee in der Hand, und da passierte das, was mir mittlerweile schon fremd schien.
Mein Handy klingelte.
Egal wie groß die Schrift auf dem Display auch sein mag, ich musste meine Lesebrille aufsetzen um die Nummer zu erkennen.
Man wird ja nicht jünger.
Herr oder Frau Unbekannt rief an.
Erstaunt nahm ich mein Telefon in die Hand, drückte den grünen Knopf und krächzte ein morgendlich heiseres Hallo in die digitale, soziale Schnittstelle.
Der Anrufer war Herr Herbert G. aus B., was mich nicht

sehr beeindruckte.

Ich kenne ihn ja.

Seit Jahren.

Unterstütze ihn durch Plattenkäufe, da war es ja nur recht und billig, dass er mich in dieser Situation anrief, um mal zu fragen, wie es mir so ginge.

Also blieb abzuwarten, welchen Vorschlag er mir unterbreiten wollte.

Schlagzeuger in seiner Band, Texter für sein neues Album oder als Merchandisingverkäufer auf einem seiner grundsätzlich, ausverkauften Konzerte.

Er aber überraschte mich mit einem Vorschlag, der jenseits meiner Vorstellungskraft lag.

Die Jobbeschreibung war für mich so unverständlich, wie die Heisenbergsche Unschärferelation für einen Grundschüler.

Ob das nun an seiner Stimme oder einer zu schlechten Verbindung lag, konnte ich in diesem Moment nicht genau feststellen.

Was aber ohne Einschränkung bei mir ankam, war der Treffpunkt: Heute, 12.00 Uhr, Dortmund Hauptbahnhof.

Also, ab in die Bahn und in die Stadt am Rande des Ruhrpotts und meiner eigenen Sprachbarriere.

Auf dem Bahnsteig sollte mein zuständiger Projektleiter auf mich warten und würde mir dann alle weiteren und wichtigen Informationen geben.

Nun gut.

Ich war gespannt, fast wie vor meinem ersten Date, eben nur nicht so verliebt.

Die Türen der Bahn öffneten sich und ich sprang energiegeladen auf den Deutschen Bundesbahnbeton. Ich blickte mich um und versuchte jemanden zu entdecken, der so aussah, als würde er mich suchen. Ich entdeckte nach kurzer Zeit einen großgewachsenen, rotblonden Mann, der ein Schild über seinem Kopf hielt, auf dem mein Name stand. Ich ging auf ihn zu und zu meinem Erstaunen schien er mich sofort zu erkennen, streckte mir seine Hand entgegen und stellte sich vor:

„Hallo, ich bin der Olli. Du bist der Neue, oder?"

Ich nickte und er erzählte, er sei von Herbert G. aus B informiert worden, dass ich kommen würde, um die ausgeschriebene Stelle zu übernehmen.

Olli war gegen mich ein Riese, ein regelrechter Titan. Mit einer kurzen Kopfbewegung machte er mir deutlich, in welche Richtung ich gehen musste, ihm hinterher.

Ohne ein Wort zu erwidern, ich war ja der Neue, folgte ich ihm und hatte meine liebe Mühe, seinen schnellen Schritten zu folgen.

Die Frage, warum er Handschuhe trug, verkniff ich mir. Wir stiegen auf eine sehr lange Rolltreppe, die erst nach unten ging, dann eine kleine Linkskurve nahm um dann statt nach unten, gerade wie ein Laufband im Fitnessstudio lief.

Am Ende unserer Rolltreppentour standen wir an den Gestaden eines Sees, mitten in Dortmund.

Dem Phönix See.

Ein merkwürdiger Ort.

Ein ehemaliges Arbeiterviertel mit Fabrik, das langsam aber sicher bis auf die Grundmauern verschwand und zu einem der teuersten Orte wurde, den es in dieser Stadt gab.

Man hatte dort, wo einst die Fabrik stand, ein Loch gegraben, Wasser eingelassen und teure und durch und durch hässliche Häuser gebaut, die dazu noch von jeglicher, schöner Architektur befreit waren.

Olli blieb stehen und gab mir ein Zeichen, dass ich neben ihn stellen sollte.

Ich tat, wie mir geheißen.

Er deutete bedeutungsschwanger und sprachlos mit seinem linken, behandschuhten Zeigefinger auf einen der graumetallikfarbenen Klötze und flüsterte:

„Dort drüben beginnt Dein neuer Job."

„O.k." dachte ich, dann lass uns loslegen.

Kaum hatte ich es gedacht, standen wir auch schon vor einer überdimensionalen Eingangstür.

Tiefschwarz, mit metallenen Beschlägen und einer Klingel, die das Muhen einer Kuh simulierte.

Die Tür öffnete sich scheinbar automatisch und wir traten in einen großen und hellen Vorraum.

„Warte hier", meinte Olli und verschwand.

Ich blieb stehen, schaute mich um und versuchte irgendwelche Geräusche zu hören.

Nichts.

Keine Geräusche, keine Stimmen und keine Gerüche.

Unerwartet und unbemerkt von mir stand auf einen Schlag ein dürrer Mann neben mir, der mich von oben bis unten musterte und zahnlos nuschelte: „Dann komm mal mit."

Und wieder lief ich einem Mann hinterher, der mehr über meine neue Tätigkeit wusste als ich.

Es ging eine breite Holztreppe ein Stockwerk nach unten ,in der Ecke konnte ich einen Mann mit Stirnband, Sonnenbrille und E.-Gitarre erkennen.

„Der steht da immer", kam es von meinem Vorausgänger, „gar nicht beachten."

Schön, dann eben nicht, schon vergessen.

Durch einen schmalen, gut beleuchteten Gang, gingen wir auf eine rote Holztür zu.

Als wir sie erreichten, drehte sich der schweigsame Fremdenführer um, sah mich an und flüsterte:

„Hier hinter beginnt dein neues Leben. Hier findest Du Deine neue Aufgabe. Bist Du bereit?"

Und bevor ich noch ja sagen oder etwas fragen konnte, schob er mich, ohne nur ein Wort zu sagen, durch die Tür.

Ich war allein. Nein, doch nicht.

Eine breite und gutbeleuchtete Treppe kam eine blonde, junge Frau herunter, lachte und grinste breit, winkte mir zu, schwebte förmlich in meine Richtung und kam kurz vor meinem Gesicht zum Stehen.

„Hallo ich bin Heidi und ich erkläre Dir jetzt, was Du hier zu tun hast, o.k.? Du siehst so toll aus, so funky. Aus dir wird was, das sehe ich sofort. Auf den ersten Blick."

Die Qualifikationen für diesen Job mussten sehr gering sein, wenn eine Frau mit einer alleszerschneidenen Stimme hier die Geeignetheit für diesen immer zweifelhafter werdenden Job vornahm.

Heidi sah mich an, lächelte und versuchte weiter mit ihrer Stimme mein Trommelfell zu vernichten:

„O.K., du kennst ja bestimmt Promis, ne? Und wie jeder gutaussehende Mensch, haben auch sie ihre Haustiere. Naomi, eine supergute Freundin von mir, hat zum Beispiel eine Schlange, einer meiner Exmänner hat einen Esel, der Geld scheißt. Die sind gesund, aber die Tiere, die wir hier haben, sind von ihren Haltern und Hälterinnen abgegeben worden, weil sie ihnen zu ähnlich wurden, also die Tieren denen, von denen ich gerade sprach O.K.? Deine Aufgabe ist es, diese Tiere in ihren ursprünglichen Zustand zurückzuversetzen. Verstehst du was ich meine?"

Sie legte ihren scheinbar ausgehöhlten Kopf schief und sah mich an.

„Das habe ich wohl Heidi", antwortete ich.

Ein langgezogenes o.k. kam aus ihrem Mündchen, und wir gingen gemeinsam bis zum Ende des Raumes.

Und da stand er wieder, lässig an einen Käfig gelehnt, der zerknitterte, alte Mann, mit der Gitarre in der Hand. Er hatte jetzt scheinbar ein neues Stirnband.

Ich beachtete ihn nicht.

Heidi führte mich in einen riesigen Raum, in dem mehrere Käfige standen, in denen Tiere gesperrt waren, die alle lethargisch und trotz einer gewissen Überheblichkeit, alle ängstlich in die Gegend schauten. Zielstrebig steuerte Heidi den ersten Käfig an, hielt sich, in einer lasziven Pose, an einem der Gitterstäbe fest, warf ihr Haar in Zeitlupe zurück.

Sie zeigte auf ein zusammengekauertes Tier, das im Käfig auf dem Boden lag.

Ich trat näher. Eine Gans. Weißgefiedert, gesund ernährt, blickte mich hilfesuchend vom Boden ihres goldenen Käfigs an.

Heidi sah mich mit einem mitfühlenden Blick an.

„Das ist das Tier von Hella v. S. Früher schnatterte sie unablässig, immerzu und auch unaufgefordert, bis sie auf einen Schlag verstummte und in eine tiefe Depression fiel. Ich habe versucht sie aufzuheitern, ihr schöne Kleider anzuziehen, aber es hat sich nichts geändert. Nun ist es an dir, sie wieder zum Schnattern zu bringen." Sie kniete sich gestenreich vor das Tier, warf, wieder in Zeitlupe ihre blonde Mähne zurück, schaute dem gepeinigten Tier in die Augen und wendete ihren Blick langsam und flehentlich in meine Richtung.

„Hilf ihr", hauchte sie durch ihre kaum geöffneten und überschminkten Lippen.

Der erste Spruch, der mir einfiel war, dass man schnatternden Gänsen den Hals umdreht, wie dieser Sachverhalt aber umzukehren wäre, war mir völlig schleierhaft.

Wer hat´s erfunden, die Schweizer, das fiel mir ein, aber ob das auch für Gänse galt?

Um nicht wie ein völliger Dummkopf dazustehen, drehte ich Rikola zu Rucola.

Ich stellte mich in Denkerpose, knetete nachdenklich mein Kinn und sagte mit tiefer und hoffentlich überzeugender Stimme: „Rucola, das Tier braucht Rucola. Ein halbes Blatt, alle sechs Stunden."

Heidi war begeistert und sie riss ihre grün-braunen Augen so weit auf, dass ich die Befürchtung hatte, dass sie herausfallen und ich den rollenden Glotzkugeln hinterher springen müsste.

Aber sie hatte sich und ihren Körper, wie sie es sagen würde, ganz toll unter Kontrolle.

Wir schlenderten an einigen Käfigen vorbei, und sie sagte mir bei jedem Tier, wem es gehörte und welche Eigenschaften es von seinem Halter und Hälterin übernommen hatte.

Da kam das Trüffelschwein von Josef A. aus der Schweiz.

Im nächsten Käfig saß eine Hyäne. Sie gehörte wohl dem ehemaligen Chefredakteur einer großen, deutschen täglichen Bildungszeitung.

Zwischen den Käfigen tauchte immer wieder dieser knittrige Mann mit dem Stirnband und der Gitarre auf. Ich kannte ihn irgendwoher, doch der Stein, der dieses Rätsel lösen sollte, kam einfach nicht ins Rollen.

Im nächsten Käfig saß ein Affe. Heidi klärte mich auf, dass es sich um ein einmaliges Phänomen auf diesem Planeten handeln würde. Es sei ein Mandrill, und er würde Dieter B. von irgendwoher gehören.

Dazu muss man wissen, dass, je farbiger die Gesichtsmarkierungen eines männlichen Mandrills sind, desto mehr Testosteron pumpt durch seinen Körper.

Dieser hier jedoch, verfügte über ein schwarz/weißes Farbenspiel auf seinem Fell.

Ich musste fast lachen, denn einen großen Unterschied zwischen dem King of Schlager und diesem Affen fiel mir doch etwas schwerer festzustellen. Die Sangeskunst beider hielten sich in Grenzen und wenn man sich mit dem Affen genug Zeit lassen würde, dann könnte auch er zu einem Playback Gitarre spielen.

Ich behielt es aus Respekt vor meiner weiblichen Begleitung, die sich bis zur Kondensation Mühe gab, mich in diese Geheimnisse einzuweihen für mich.

Im folgenden Käfig saß ein Geier. Er hockte auf einem ausgetrockneten Baumstamm und auch wenn er höher saß, als ich stand, so schaute er mich doch kontrollierend von unten her an.

Er erinnerte mich sofort an Mr. Burns aus den Simpsons, aber statt Homer gehörte dieser Vogel einem Friedrich M. aus B.

Was ihm fehlte, wollte Heidi mir zu einem späteren Zeitpunkt verraten.

An der hinteren, im Dunklen liegenden Ecke des Käfigs, entzündete sich in diesem Moment ein Feuerzeug und in der bescheidenen Helligkeit, die sie produzierte, sah ich das alte Gesicht, des stummen Gitarristen.

Dann kamen wir zum letzten Käfig.

Ein aufgedunsener Vogel, der so aussah, als stände er kurz vorm Platzen. Zu schwer, um noch auf seinen dünnen Beinen zu stehen und zu rund um noch eine erkennbare Seite zu haben, auf die er hätte fallen können.

„Dieser Vogel, es ist eine Pute, gehört Julia K.. Sie lebt zeitweise in B und auch im Saarland. Sie hat einfach zu wenig Zeit, sich um ihr geliebtes Tier zu kümmern. Der Vogel hat sich so in sich zurückgezogen, dass er vergessen hat, wie Verdauung funktioniert. Frau K. ist sich nicht darüber im Klaren, welche Eigenschaft dieses Tier von ihr übernommen haben soll.

Mein erster Gedanke war: „Zu doof zum Kacken," den ich aber, natürlich aus Höflichkeit nicht laut äußerte. Heidi ihrerseits schaute mich erwartungsvoll an und ich entgegnete ihr, dass es ein schwerer Fall sei und ich darüber nachdenken müsse.

Sie führte mich auf einen Balkon, gab mir den Tipp, dass ich unbedingt mal wieder zum Friseur solle und meine Hose an den Oberschenkeln etwas zu eng sitzen würde, ich aber Zeit hätte, in Ruhe über die dumme Pute nachzudenken.

Ich setze mich auf einen der Balkonstühle, streckte meine Beine nach vorne und ließ meinen Blick über die klotzigen Häser am Phoenix See wandern. Für was für einen Schrott man richtig viel Geld ausgeben kann, das wurde hier deutlich. Ein Knacken auf meiner linken Seite, ich drehte den Kopf, und da stand er.

Der Gitarrenmann.

Ich erkannte ihn sofort. Es war Keith Richards, der da stand. Lässig wie immer, eine Ausgeburt der Coolness. Seine Gitarre in der einen und in der anderen Hand das Feuerzeug.

„Hey", sagte er mit seiner whiskydurchtränkten Kettenraucherstimme, „hast du mal `ne Kippe?

Der Mann, von dem es meines Wissens nach weniger Fotos gab, auf dem er nicht rauchte als von Loki und Helmut Schmidt zusammen, der fragte mich nach einer Zigarette?

„Aber Mr. Richards", stotterte ich, „sie fragen mich ob ich eine", er unterbrach mich.

„Hey Mann, hast Du doch gerade gesehen, niemand ist perfekt, und ich bin es scheinbar auch nicht."

Mein Telefon klingelte immer noch, und geistesgegenwärtig griff ich es mir, und hielt mir den Hörer an´s Ohr.

„Hallo, Jürgensen hier, von der Bundesanstalt für Arbeit. Wir machen gerade eine Umfrage über Jobveränderungen und wie man damit umgeht. Haben sie kurz Zeit?"

Ich musste Herrn Jürgensen leider eine Absage erteilen, da ich just auf dem Weg zu einem Vorstellungsgespräch war. Ich wollte mich in einer Kleintierhandlung vorstellen, um dort Fütterung und Käfigsäuberungen zu übernehmen. So ist es nun mal. Nichts und Niemand ist perfekt.

So liebe Leute,

das war´s jetzt aber mit #jetzt aber.

Ich hoffe, Ihr habt den einen neuen Gedanken gefunden, der Euch eventuell in irgendeiner Art weiterbringt, motiviert oder eben einfach nur einen Denkanstoß gibt.

Viel wichtiger ist aber, dass dieses Buch Euch unterhalten hat.

Egal wie, freue ich mich über eine Rückmeldung von Euch.

Wie?

Über meine Homepage könnt Ihr mir eine persönliche Nachricht schicken.

chrisjacobsenautor.de

Auf meinem Youtubekanal: Lesen gegen Nazis – stelle ich viele Bücher von verschiedenen Autoren vor.

Schaut einfach mal rein.

Es freut mich immer, egal auf welchem Wege, von Euch zu hören.

Vielen Dank für Eure Unterstützung,

Chris Jacobsen

Weitere Veröffentlichungen von Chris Jacobsen bei

BoD: L...wie

              Als Buch und eBook

Gedichte, Gedanken und Kurzgeschichten

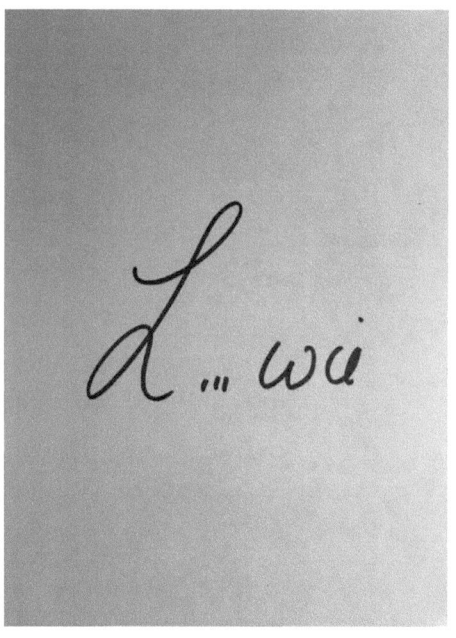

Und:

Down and out am Arsch der Welt – Der Roman